THE TREASURY OF SCALES

C Flute and Piccolo

LEONARD B. SMITH

13
14
15
SOLO 8va ad lib
16
17
18
19
20
21
SOLO
22
23
24

25
SOLO
26
27
28
29
SOLO
30
31
32
SOLO
33
34
35
36

37
SOLO 8va ad lib
38
39
40
41
SOLO 8va ad lib
42
43
SOLO
44
8va ad lib
45
46
47
48

49
SOLO
50
51
52
53
54
SOLO
55
56
57
58
59
60

61
62
SOLO
63
64
65
SOLO 8va ad lib
66
67
68
SOLO 8va ad lib
69
70
71
72

73

74

75

76

77

78

79
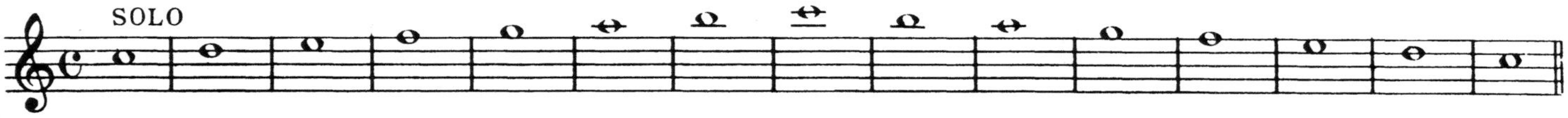

80

81

82

83

84
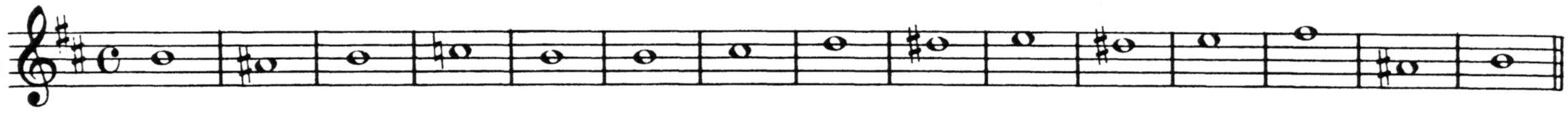

SOLO 8va ad lib
85
86
87
SOLO 8va ad lib
88
89
90
8va ad lib
91
92
93
SOLO 8va ad lib
94
95
96